AF244827

L. LÉOUZON LE DUC

LE

CONGRÈS

ET LE

CONFLIT DANO-ALLEMAND

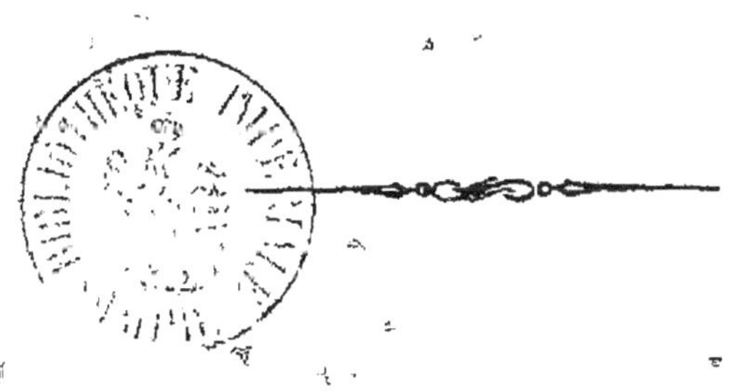

PARIS

AMYOT, ÉDITEUR DES ARCHIVES DIPLOMATIQUES

8, RUE DE LA PAIX

1864

LE
CONGRÈS
ET LE
CONFLIT DANO-ALLEMAND.

Je reviens d'un long voyage dans le nord de l'Europe; j'ai parcouru et visité, pour la troisième fois, la Suède, la Norvége, le Danemark, les duchés de Slesvig et de Holstein, et les parties principales de la Confédération germanique; j'ai salué à Flensborg le grand lion monumental qui, du haut de son piédestal de granit, veille sur la tombe des héros danois morts à Idstedt[1]; j'ai vu le Dannevirke, cette fortification archéologique élevée par les Danois contre les Allemands, au commencement du neuvième siècle; j'ai recueilli, j'ai même lu et étudié, ce qui m'a donné une merveilleuse idée de mon courage et de ma patience, presque tous les documents

[1]. Depuis que ces lignes ont été écrites, les Austro-Prussiens, actuellement établis à Flensborg, ont détruit ce monument et profané les cendres qu'il abritait. Un pareil sacrilége suffirait, à lui seul, pour déshonorer la meilleure cause.

publiés sur cette question inconnue des anciens, que les Allemands modernes ont trouvé bon d'inventer et d'introduire sur le tapis diplomatique, sous l'étrange dénomination de *Schleswigholsteinisme*. Je voudrais donc dire aussi mon mot à propos de ce conflit qui arme aujourd'hui l'Allemagne contre le Danemark; et certes l'on conviendra que j'y suis quelque peu autorisé.

Mais par où commencer? Si jamais sujet a été obscur, compliqué, inextricable, c'est bien celui dont il s'agit. Du reste, il n'y a pas lieu de s'en étonner. Le *Schleswig-holsteinisme* est une des créations privilégiées du génie allemand. Or, ce n'est guère, on le sait, en criant : *Fiat lux!* que le génie allemand entre en scène; il en remontrerait à Jupiter dans l'art d'assembler les nuages.

Ceci soit dit sans contester le moins du monde les hauts mérites de la nation allemande. Je constate simplement un fait; et, à parler franchement, je ne crois pas que ceux auxquels il s'applique s'en affligent outre mesure. Un docteur prussien me disait un jour, dans un élan d'orgueil national : « Vous ne serez jamais des philosophes, vous autres Français, car vous êtes trop *clairs*. » Il eût dû ajouter, en s'appuyant du même motif : « Vous ne serez jamais des politiques. » La profession de foi eût été complète.

Cette passion des Allemands pour les ténèbres n'est-elle pas un peu cause aussi de l'étrange façon dont ils apprécient leurs exploits militaires d'au delà de l'Eider? Ici, toutefois, les ténèbres colorées d'une fantastique lueur se transforment en mirage. Lisez les proclamations du prince royal de Prusse. Est-il rien de plus superbe; et ne dirait-on pas, au fracas de ces pastiches napoléoniens, que pour avoir forcé, grâce à d'énormes bataillons et à une formidable artillerie, quelques poignées de Danois, les Prussiens aient fait œuvre de Titans et escaladé le ciel?

Il importerait donc d'élucider cette question du *Schleswigholsteinisme*, ou plutôt, soyons sérieux, ces deux questions du Slesvig et du Holstein, tant embrouillées par l'Allemagne, par la Prusse surtout. Mais, quelle énorme tâche! Il ne faudrait rien moins, pour la remplir utilement, qu'un exposé complet joint à une discussion impartiale et approfondie de tous les instruments du litige. Je m'en occuperai peut-être un jour.

En attendant, mon dessein est de soumettre aux lecteurs de cet opuscule quelques observations pratiques, quelques faits précis, quelques jalons, en un mot, propres à les diriger à travers cet obscur labyrinthe dans lequel les cabinets allemands promènent depuis si longtemps la diplomatie européenne. Par lui-même, par ses causes ou ses prétextes, par les personnages qu'il met en jeu, par les intentions occultes ou déclarées qu'il accuse, le conflit dano-allemand est misérable. J'espère le démontrer; mais je démontrerai aussi qu'au point de vue de la morale souveraine, il renferme un enseignement d'une portée immense; et que si, pour justifier sa grande manifestation du 5 novembre, l'Empereur Napoléon III avait besoin d'un argument suprême, il le trouverait dans ce conflit, frappant et lumineux comme le soleil.

I

Un des ministres du feu roi Frédérik VII, causant, un jour, avec l'Envoyé de Prusse près de sa cour des affaires dano-allemandes, lui fit le récit suivant :

« Il était une fois, en Afrique ou dans toute autre contrée du monde, un oiseau qui avait établi son nid à la cime d'un grand arbre. Cet oiseau, pacifique de sa nature, et peu soucieux de propager sa race, n'avait pondu que deux œufs. Il les couvait avec amour; et, déjà, les petits commençaient à battre des ailes et à demander la becquée, lorsqu'un épervier, tenant dans ses serres un de ses rejetons à peine emplumé, s'en vint planer autour du nid. Il paraît que, trop chargé de famille, et hors d'état de loger et de nourrir toute sa lignée, il avait eu l'idée d'alléger son fardeau en le partageant avec d'autres. En effet, il fondit brusquement sur le nid, y déposa son rejeton et disparut dans les airs.

« L'oiseau hospitalier fit bon accueil au petit émigrant; il le nourrit, le soigna absolument, comme s'il eût été sien. Une querelle s'élevait-elle entre les trois volatiles, ce qui arrivait assez souvent, par suite de l'humeur ambitieuse et tracassière du fils de l'oiseau de proie, il intervenait pour faire respecter les droits de chacun, mais jamais pour opprimer l'étranger. Enfin, sauf quelques dissidences, tout allait bien dans la jeune famille; et les nouveau-nés, sentant chaque jour s'accroître leurs

forcés, espéraient pouvoir bientôt prendre leur essor.
Mais qu'advint-il? L'épervier fondit de nouveau sur le
nid, en chassa brutalement et malgré ses cris, celui qui
l'avait construit, et s'installa en maître à sa place.

— Qu'est-ce que vous me contez donc là? demanda
vivement l'Envoyé prussien qui, plus d'une fois déjà,
avait cherché à interrompre son interlocuteur.

— Un apologue danois.

— Et où voulez-vous en venir avec votre apologue?

— Le nid, c'est le Slesvig, l'oiseau pacifique et hospitalier, c'est le Danemark, l'épervier, c'est l'Allemagne. »

Il serait difficile de mieux dessiner une situation.
L'apologue qu'on vient de lire, c'est l'histoire même
prise sur le vif. Je parle ici au point de vue danois.

En effet, d'après les Danois, qu'est-ce que le Slesvig?
Le Slesvig, partie méridionale du Jutland, c'est-à-dire
de l'ancienne Chersonnèse cimbrique[1], est un pays
absolument danois, un appendice naturel et séculaire
de la couronne de Danemark. Si, dans le cours des
temps, des Allemands s'y sont introduits, ils y ont fondé,
non une *nationalité* proprement dite, mais un simple
établissement. Or, malgré les vicissitudes politiques et

---

1. Le Slesvig, ainsi appelé de la ville de Slesvig, située sur les
bords du golfe de *Sli* ou *Slé* (*Sli-vig*), n'a pris ce nom que depuis
1386 ou 1393. Jusqu'à cette époque, il était désigné sous la dénomination de duché de Jutland ou de sud Jutland, *Ducatus Juciæ* ou
Suder-Jucia. Les Allemands qui, dans leur guerre contre le Danemark, s'attaquent aux noms de lieux, aussi bien qu'aux personnes,
ont changé *Slesvig* en *Schleswig*, et *Sli* ou *Slé* en *Schlei*. Ce change-
ment n'est pas heureux. Le mot scandinave *Slé* veut dire roseau, ce
qui convient parfaitement au golfe de *Sli*, dont les bords sont tout cou-
verts de cet arbuste, tandis que le mot allemand *Schlei*, ne présente
absolument aucun sens. J'insiste sur cette remarque, les Allemands,
eux-mêmes, y attachant une très-grande importance.

autres dont il a été la cause ou l'occasion, cet établissement n'a rien changé, n'a rien pu changer aux rapports
essentiels du duché avec la métropole. La revendication
de l'Allemagne sur le Slesvig n'a donc aucune raison
d'être, et son triomphe ne serait que le brutal triomphe
de la force.

Telle est la thèse danoise; et je dois déclarer que,
pendant mon long séjour en Danemark, je n'y ai pas
rencontré un seul citoyen, fût-il des plus humbles, qui
ne la regardât comme un dogme sacré. Le roi Frédérik VII, entre tous, la soutenait avec une grande énergie et un fier patriotisme. « Si l'Allemagne envahit le
Holstein, me disait-il un jour qu'il me faisait l'honneur
de m'entretenir, je ne bougerai pas; mais je me rendrai
à la tête de mon armée, sur ma frontière de l'Eider, et
là j'attendrai. Si l'on attaque le Slesvig, je le défendrai
jusqu'à la dernière extrémité, car le Slesvig est danois,
et je suis le roi de Danemark. » L'attitude actuelle du
roi Christian IX nous montre que, sous ce rapport, il n'a
pas d'autres sentiments que son prédécesseur.

Les Allemands, naturellement, professent une doctrine
tout à fait opposée à celle des Danois. Ils prétendent,
eux, que le Slesvig n'est qu'un appendice du Holstein,
et que, par conséquent, c'est un territoire allemand. De
là ces interminables débats qui, pour ne point parler
d'un passé plus reculé, ont deux fois, en moins de vingt
ans, abouti à la guerre.

J'examinerai succinctement, mais néanmoins assez à
fond pour fixer l'opinion du lecteur, les titres les plus
caractéristiques sur lesquels s'appuie cette double com-
pétition.

II

Les Allemands, ai-je dit, prétendent que le Slesvig est un territoire allemand, et ils englobent dans la même prétention le Jutland tout entier.

Voici comment ils cherchent à la justifier.

Remontant par delà les limites de l'histoire, ils affirment que le Jutland du nord, aussi bien que le Jutland du sud (le Slesvig), ont eu pour premiers habitants des tribus de race germanique pure[1]. Or, selon eux, ce qui imprime à un territoire son type éternel et impérissable, c'est la nationalité même de sa population aborigène. Sans doute, dans l'un ni dans l'autre Jutland, cette population ne s'est maintenue ; elle en a été expulsée par les Danois, qui ont pris sa place. Mais une telle expulsion, œuvre de la force, ne saurait créer aucun droit aux envahisseurs, ni altérer en quoi que ce soit la condition primitive du territoire violé. Si donc, dès le début, le

1. Pour prévenir toute méprise, je dois faire observer que les Allemands donnent au mot *germanique* un sens beaucoup trop étroit. A les entendre, tout ce qui est allemand est germanique, et tout ce qui est germanique est allemand. Or, rien n'est plus faux. Les Scandinaves, par exemple, sont tout aussi bien germaniques que les Allemands. Ce sont deux branches différentes d'une seule et même race. Des savants très-sérieux prétendent même que si l'on veut trouver le type germanique originel le plus pur, ce n'est point en Allemagne, mais en Scandinavie qu'il faut aller.

double Jutland a été un territoire allemand, il l'est encore et malgré tout aujourd'hui.

Ainsi raisonnent les Allemands.

Pris dans un sens platonique, ce raisonnement, à coup sûr, n'a rien de trop offensif. Libre aux fils d'Adam de contempler de loin, en soupirant, le bel Éden que leur premier ancêtre a perdu. Toutefois, cette contemplation et ces soupirs ne seraient pris au sérieux que parce que, d'avance, on serait d'accord sur la légitimité de leur objet. Or, en est-il ainsi dans la présente théorie ? Cette occupation primitive des deux Jutland par des tribus de race germanique pure, tout le monde l'admet-il ? Non. Si du moins les Allemands la prouvaient ! Mais ils ne la prouvent pas ; ils se bornent, je le répète, à l'affirmer.

Je me trompe : un de leurs philologues le plus grand de tous, Jacques Grimm, croit pouvoir l'établir sur la persistance de quelques vestiges du dialecte saxon dans le dialecte jutlandais. « Par exemple, dit-il, l'article y marche avant le substantif au lieu de venir après[1]. » Voilà un bien mince débris pour servir de base à un aussi grand édifice. Du reste, Jacques Grimm se montre encore moins difficile en fait de preuves. Ainsi, forcé de reconnaître dans le dialecte jutlandais un dialecte danois, il assure que le nom, le vieux nom de *Jutes*, sauvé du naufrage des siècles, suffirait à lui seul pour démontrer l'origine allemande du Jutland[2].

Cette façon d'argumenter n'ôte pas grand'chose, on en conviendra, à la gratuité de l'affirmation. Ajoutons qu'elle est on ne peut plus discutable. D'abord, en ce qui concerne l'article, un savant danois très-compétent M. Wor-

---

1. *Geschichte der deutchen Sprache,* p. 837.
2. *Ibid.,* p. 732.

saae, natif lui-même du Jutland, nous apprend que, dans
le dialecte de son pays, il ne marche guère plus avant
qu'après le substantif, puisqu'il y est presque compléte-
ment hors d'usage. Quant au nom de Jutes, est-il vérita-
blement un nom allemand? Je sais, pour ma part, que,
dans leur langue nationale, cette langue bien autrement
ancienne que la langue allemande, les Finnois appellent
les Danois *Juutit*, les Jutes, et le Danemark *Juutin-Maa*,
pays des Jutes [1]. Le lexique des Finnois, n'aurait-il pas raison ici contre l'*Histoire de la langue allemande* de Grimm?

Mais, laissons là ces subtilités. Non, il n'est pas vrai
que le Jutland et le Slesvig aient eu pour premiers habitants des tribus de race germanique pure. Les preuves
en sont flagrantes. Que les Allemands installés, maintenant à Flensborg, visitent seulement le musée de
cette ville [2] : ils y verront, dans ses larges vitrines, une
masse d'antiquités trouvées dans les champs, les marais,
les tourbières et jusqu'au fond des lacs des deux pays;
des armes, des outils, des ornements en silex, en os, en
ambre; tous ces monuments, en un mot, d'une date
problématique, révélant une culture à l'état rudimen-
taire, et servant à caractériser cette période de l'humanité que la science appelle *l'âge de pierre*.

Le musée de Flensborg montrera, en outre, aux cu-
rieux envahisseurs, un grand nombre d'antiquités de
l'âge de bronze aussi caractéristiques et non moins indi-
gènes que les précédentes.

Sont-ce là des vestiges d'une race germanique quelconque? Évidemment non. Les vieux Germains, si avan-

1. *Maa*, terre, pays.
2. Mais, le musée de Flensborg n'aurait-il pas eu déjà le même
sort que le monument érigé en l'honneur des braves Danois tombés
à Idstedt?

cés, relativement, en civilisation dès leur apparition dans l'histoire, les vieux Germains qui se battaient avec du fer, protesteraient solennellement, s'ils se réveillaient de leur tombe, contre une confusion aussi étrange.

Donc, avant les Germains, le Jutland et le Slesvig ont été habités par d'autres peuples. Quels étaient ces peuples? Étaient-ce des Lapons, des Finnois, des Celtes? Peu importe. Les monuments laissés par eux proclament assez haut qu'ils ont existé; libre aux savants de disserter sur leurs noms. Mais que devient après cela cette prétention des Allemands modernes de considérer le Jutland et le Slesvig comme un territoire allemand? La doctrine même, sur laquelle ils s'appuient, ne s'écroulât-elle pas d'un seul coup, qu'ils pourraient en déduire tout au plus un territoire germanique, ce qui n'est aucunement synonyme, j'ai déjà dit pourquoi, de territoire allemand.

Une autre conséquence, c'est que, si des tribus germaniques ont occupé le Jutland et le Slesvig, ce n'a été, évidemment, que par la dépossession, l'expulsion des peuples qui s'y trouvaient déjà. Or, cela posé, comprend-on que les champions de ces tribus imputent à crime aux Danois d'avoir usé contre elles des mêmes moyens pour s'établir à leur place? Le droit est un, ce semble, fût-ce le droit de la force.

Mais, cette expulsion des tribus germaniques par les Danois est-elle un fait bien constaté? Les Allemands l'affirment encore.... l'histoire dit le contraire. En effet, si nous remontons à l'époque dont il s'agit, c'est-à-dire à la fin du cinquième ou au commencement du sixième siècle de notre ère (je prends ici la version allemande), nous voyons se précipiter successivement du Jutland, du Slesvig et du Holstein, des masses de peuples, mélange de Jutes, d'Angles[1] et de Saxons. Où allaient ces masses? En Angleterre, et elles y sont restées. Or, on sait ce que produisaient de pareilles migrations : le vide ou à peu près dans les pays abandonnés.

Pourquoi donc les Danois, fixés déjà sur les îles voisines de ces pays, n'auraient-ils pas profité de l'occasion pour les occuper? Rien assurément de plus naturel ; j'ajouterai, rien de plus légitime, car nul ne prétendra sans doute qu'en quittant leurs boréales demeures pour des climats plus tempérés, les peuples émigrants s'y soient réservés un droit éternel de retour, ou qu'ils les aient cédées, par un acte quelconque, à des remplaçants de leur choix.

Et lors même que, dans l'occupation danoise, il y aurait eu expulsion, expulsion violente, que pourrait-on en inférer aujourd'hui? Est-ce que ces substitutions de peuple à peuple, si fréquentes dans l'histoire, substitutions que le temps a forcément consacrées, n'ont pas eu presque toutes la même origine ? Certes, une occupation qui date de quatorze siècles mérite quelque respect, peut-être. Les Danois s'en contentent pour leur part ; ils se contenteraient même de moins. Aussi, quand ils voient Adam de Brème, ce vénérable patriarche de l'histoire allemande, écrire en 1067, que : « *la première partie du Danemark appelée Jutland s'étend depuis l'Eider jusques vers le nord*[2] ; » que « *les Danois nommés aussi Jutes, sont établis jusques sur les bords de la Slie*[3] »,

1. Les Angles, qui habitaient le Slesvig, descendaient d'*Angul*, frère de *Dan*, père et fondateur de la nation danoise. Ils se rattachaient, par conséquent, aux Germains-Scandinaves et non aux Germains-Allemands.

2. « Et prima quidem pars Danie, quæ Judlant dicitur, ab Egdore in boream longitudine protenditur. »

3. « Itaque primi ad ostium prædicti sinus habitant in australi

sentent-ils leur cœur battre d'une certaine fierté. Parmi tous les États de l'Allemagne en est-il un seul qui pourrait se prévaloir d'un titre aussi ancien? Que dis-je? si l'on exhumait une carte vieille seulement de cent ans, la plupart d'entre eux n'y figureraient même pas. Et c'est pourtant l'Allemagne qui nie aux Danois, sur le Jutland et le Slesvig, un droit créé par une possession quatorze fois séculaire; c'est l'Allemagne qui les dénonce, dans ces mêmes pays, comme des étrangers, comme des intrus, *Eindringlinge!*...

III

Passons à un autre ordre d'arguments. Si, en revendiquant le Jutland et le Slesvig comme une sorte d'héritage de famille, les Allemands se fourvoient si étrangement, sont-ils mieux inspirés lorsque, sous prétexte de connexité entre le Holstein et le Slesvig (le Jutland est provisoirement hors de cause), ils veulent soumettre les deux duchés au contrôle commun de la souveraineté germanique?

Trois actes principaux sont invoqués par eux à l'appui de cette nouvelle thèse : la constitution de Waldemar de

ripa versus nos Dani quos Juddas (al. Viddas), appellant usque ad Sliam lacum. »

Ceci dispense de citer le mot de Charlemagne, si désagréable aux Allemands, traduit par ce vers d'Eginhard :

Eidora Romani terminus imperii.

1326, le rescrit confirmatif de cette constitution de 1448 et la capitulation de 1460. Les autres pièces qu'ils peuvent invoquer encore n'ayant de valeur qu'autant qu'elles se rattachent directement ou indirectement à ces trois actes, il me paraît superflu de s'en préoccuper.

IV

Qu'est-ce que la constitution de Waldemar ? Est-ce un monument imposant, solennel, comme le sont généralement les constitutions d'État ? Les contemporains l'ont-ils acclamée, observée, pour la léguer ensuite à l'enseignement des générations futures ? Non. Cette constitution est tout un mystère. Nul n'en a jamais vu l'original, ni même la copie ; nul ne sait si jamais elle a été en vigueur ; on ne la suppose que d'après un article, un seul article cité dans un document postérieur de plus d'un siècle à sa prétendue promulgation. C'est une hypothèse sur un débris fossile.

En voici la courte histoire.

Dès l'époque la plus reculée, le duché de Jutland (Slesvig), a tenté la convoitise des peuples allemands ses voisins. Mal à l'aise sur leur territoire, morcelé à chaque génération par de nouveaux partages de famille, les comtes de Holstein [1] jetaient des regards jaloux sur ce

---

1. Le Holstein était loin d'être alors ce qu'il est aujourd'hui ; il n'en formait guère que le quart, c'est-à-dire la partie septentrionale de la Nordalbingie, province du duché de Saxe.

pays plus vaste et rêvaient obstinément sa conquête. De là, entre eux et les rois de Danemark ou leurs préposés dans le duché, ces querelles, ces luttes, ces guerres, dont sont remplis tous les récits du temps.

Un chroniqueur danois, contemporain de Saxo Grammaticus (env. 1150), Svend Aagesen, raconte ainsi ce qu'il appelle leur premier combat :

« Les Allemands ayant appris que deux Danois s'étaient réunis pour tuer un Suédois, meurtrier de leur père, virent dans cet acte une preuve de lâcheté et de faiblesse, et résolurent d'en profiter pour s'emparer de leur pays, celui qu'ils occupaient ne pouvant suffire à leurs besoins. En conséquence, le duc saxon de Holstein somma le vieux roi de Danemark Vermund le sage, de lui payer tribut, sinon de désigner un de ses guerriers pour se mesurer en combat singulier avec un guerrier allemand qu'il désignerait à son tour.

« Vermund n'ayant nulle envie de payer le tribut, fit appel aux meilleurs guerriers de son armée ; mais, comme aucun d'eux ne s'empressait de se décider, Uffe, le propre fils du roi, se présenta.

« Tout le monde fut saisi d'étonnement, car jusqu'alors le jeune prince s'était fait remarquer plutôt par sa paresse et sa vie dissolue que par sa vaillance.

« L'insultante provocation du duc allemand l'avait soudainement transformé. Il dit même que non content d'un seul adversaire, il en défiait deux à la fois.

« On choisit pour lieu du combat une petite île de l'Eider. Les Danois se placèrent au nord, et les Allemands au midi du fleuve, comme spectateurs. Le vieux roi fit mettre son siége tout près du bord, afin de se précipiter dans les flots au cas où son fils serait vaincu, ne voulant pas survivre au déshonneur du Danemark.

« Uffe parut dans l'arène, armé de toutes pièces; et bientôt, ainsi qu'il l'avait désiré, deux guerriers allemands s'avancèrent pour le combattre.

« La lutte ne fut pas longue. Uffe terrassa ses deux adversaires, et leur fendit le crâne d'un coup de glaive. L'armée allemande se dispersa aussitôt, couverte de honte, et reconnaissant que les Danois n'étaient point de ces peuples dont on peut se moquer impunément. »

Je n'ai rien voulu omettre de ce récit, car, sous une forme légendaire, il exprime évidemment un fait réel. Ce que j'y trouve surtout de caractéristique, c'est cette lutte de deux contre un. N'est-ce pas là l'histoire de toutes les guerres de l'Allemagne contre le Danemark? Jamais elle ne l'a attaqué à forces égales; et aujourd'hui encore quel spectacle nous offre-t-elle? Pour avoir résisté jusqu'à présent à de pareils chocs, il faut, en vérité, que ce petit royaume de Danemark ait la vie terriblement dure.

Les comtes de Holstein étaient fort habiles. N'ayant pu, malgré les forces considérables dont ils disposaient, puisqu'ils avaient derrière eux toute la Nordalbingie, comprenant alors Hambourg et Lübeck, et avec elle, beaucoup d'autres princes allemands toujours prêts à leur porter secours, n'ayant pu, dis-je, entamer le Slesvig et l'enlever aux Danois, ils travaillèrent à s'immiscer peu à peu dans les affaires intérieures du duché, visant ainsi à l'influencer, à le dominer, ce qui leur permettrait, espéraient-ils, à un moment donné, de se l'annexer définitivement. Les alliances de famille qu'ils surent se ménager avec les ducs de Slesvig servirent merveilleusement cette politique.

En effet, les ducs de Slesvig, ordinairement fils ou frères des rois de Danemark qui les investissaient du gouvernement de ce duché, à titre de fief personnel, se contentaient rarement de leur position. La suzeraineté paternelle ou fraternelle pesait à leur orgueil; ils aspiraient à la secouer, et à transformer leur domination viagère en patrimoine héréditaire. Naturellement, les comtes de Holstein, leurs beaux-frères ou leurs tuteurs, ne manquaient pas d'intervenir en leur faveur; de sorte que, pour maintenir leur droit, les rois de Danemark étaient condamnés à se battre presque perpétuellement.

Toutefois, rien de bien important ne résulta de ces conflits, jusqu'à l'année 1725. A cette époque, le duc de Slesvig Érik étant mort, ne laissant après lui qu'un seul fils mineur, Waldemar, Christophe II, roi de Danemark, voulut, en sa qualité de seigneur suzerain, prendre en main l'administration du duché. Mais, Waldemar avait pour tuteur son oncle maternel Geert ou Gérard, comte de Holstein. Celui-ci, sous prétexte de défendre les intérêts de son pupille, s'opposa au dessein du roi, et lui déclara la guerre. Christophe fut battu, et, comme d'ailleurs, il était en hostilité ouverte avec sa propre noblesse, il dut quitter le royaume.

L'état d'anarchie qui suivit cet événement était trop favorable aux projets traditionnels de la maison de Holstein pour que l'ambitieux Gérard négligeât d'en profiter. Grâce à son influence, influence doublée par la victoire qu'il venait de remporter, Waldemar, ce jeune prince de douze ans, fut élu roi de Danemark (7 juin 1326); et le comte échangea ses fonctions de tuteur contre celles de régent.

Nous arrivons, maintenant, à la fameuse constitution. Une fois, son neveu et pupille sur le trône, Gérard n'eut rien de plus pressé que de se faire adjuger par lui le duché de Slesvig (15 août 1326), non plus, comme par le passé, à titre personnel, mais à titre héréditaire.

C'était exploiter hardiment la situation. Gérard, dit-on, obtint plus encore, il obtint de Waldemar une déclaration, d'après laquelle le duché ne pourrait, à l'avenir, être réuni au royaume de manière à avoir le même souverain que lui.

Tandis que le comte de Holstein faisait si bien ses propres affaires, il remplissait d'une étrange façon ses devoirs de régent. Au lieu de s'appliquer à consolider le trône du jeune monarque par une administration sage et modérée, il prit à tâche, ce semble, de le rendre impopulaire en écrasant le pays sous un système de tyrannie tel qu'il n'en avait pas vu jusqu'alors. Ce système devint si intolérable que moins de quatre ans après l'élection de Waldemar, le peuple danois le chassa honteusement du royaume avec son tuteur et rappela Christophe II de l'exil.

Sans tenir compte des arrangements survenus entre l'oncle et le neveu, Christophe, qui pourtant ne brillait point par l'énergie, ressaisit pour sa couronne son ancien droit sur le Slesvig, et en conféra de nouveau l'investiture à Waldemar, avec cette clause, toutefois, que le duché ferait retour à Gérard, dans le cas où le feudataire restauré mourrait sans héritier. Cette clause, je le dis en passant, perdit toute valeur dans l'avenir, la condition qu'elle stipulait ne s'étant pas réalisée[1].

Mais, que devient au milieu de tout cela la constitu-

---

1. En effet, Waldemar laissa un fils qui lui succéda. Mais celui-ci étant mort sans héritier, les descendants de Gérard n'en réclamèrent pas moins le duché au nom de l'ancienne concession du roi Christophe. Les Danois repoussèrent cette prétention, d'abord parce que le duché ayant été occupé par un fils de Waldemar, la concession de Christophe avait été, par là même, annulée en droit comme en fait ; ensuite, parce qu'elle n'avait point été confirmée, suivant l'usage du temps, par quelque prélat ou noble danois.

tion de Waldemar, cette constitution dont les Allemands ont fait si grand bruit[1], et qu'ils présentent encore aujourd'hui comme l'assise capitale du Schleswigholsteinisme?

La constitution de Waldemar n'est autre chose que la déclaration de ce même prince, citée plus haut, déclaration traduite d'un article latin conçu ainsi : « *Item Ducatus Sunder-Jucie regno et corone Dacie non unietur nec annectetur ita quod unus sit dominus utriusque*, etc. »

Remarquons ce petit mot *Item*. En lui réside toute la force de l'argument. En effet, d'après le style du temps, il suppose tout un cortége d'autres articles. Or, dans l'opinion des Allemands, un acte royal composé de plusieurs articles ne peut être autre chose, à ce qu'il paraît, qu'une constitution.

Voilà certes une curieuse manière de raisonner. Qu'est-ce donc qu'une constitution dont, je ne dirai pas la teneur, mais l'existence n'est basée que sur une hypothèse? Qu'est-ce qu'une constitution dont, je le répète, l'original a toujours fait défaut et dont on n'a jamais retrouvé aucune copie? Où a-t-elle été rendue? Qui l'a signée et contre-signée? Le conseil du royaume l'a confirmée, dit-on. Mais est-ce qu'en 1326 le conseil du royaume avait droit de confirmation?[2]

Si cette constitution, si l'article surtout, duquel ou l'infère, avaient réellement la valeur qu'on leur attribue,

---

1. Sans parler de beaucoup d'autres circonstances, la constitution de Waldemar fut citée avec éclat dans l'assemblée nationale de Francfort, du 9 juin 1848, comme un des titres fondamentaux de la revendication de l'Allemagne sur le duché de Slesvig.

2. Ce droit ne lui a été dévolu qu'à la fin du quatorzième ou au commencement du quinzième siècle. Jusqu'alors, le Conseil du royaume n'avait eu, en Danemark, qu'une voix purement consultative.

ils seraient mentionnés, sans aucun doute, dans les documents d'État impliquant le principe qu'ils sont censés inaugurer. C'était l'usage, alors, dans les hautes chancelleries souveraines. Or, ces documents n'y font pas même allusion. Interrogez les tous, depuis les rescrits d'investiture jusqu'aux traités, conventions, stipulations, transactions, etc., intervenus entre les comtes de Holstein ou les ducs de Slesvig et les rois de Danemark, durant une période de plus de trois siècles, aucun d'eux ne vous offrira, de la constitution de Waldemar, la moindre trace. On est donc parfaitement autorisé, ce semble, à regarder cette constitution comme un document apocryphe, tout au plus comme un projet avorté dès sa naissance, mis en avant par le comte Gérard, pour préparer le triomphe des ambitions séculaires de sa maison.

Mais admettons que la constitution de Waldemar soit une vérité, quel droit l'Allemagne aurait-elle de s'en prévaloir? Est-il seulement question d'elle dans l'article dont elle se fait une arme? Le Holstein n'y est pas même nommé. Tout ce que l'on pourrait en conclure, ce serait l'autonomie du Slesvig, mais une autonomie profitant exclusivement au duché, et non à aucun autre pays quel qu'il fût.

V

Après avoir ainsi fait justice de la constitution de Waldemar, j'hésite, en vérité, à parler du rescrit de 1448 confirmatif de cette même constitution. La confirmation d'un objet aussi problématique ne saurait, en effet, intéresser bien sérieusement. Cependant, comme les Allemands prêtent au rescrit en question une très-grande importance, et que, d'ailleurs, c'est par lui, uniquement par lui, que la fameuse constitution s'est révélée au monde, il est impossible de ne pas en toucher quelques mots.

Remarquons d'abord la date du rescrit : 28 juin 1448 ! Et la date de la constitution.... 1326 ! Voilà, certes, d'un acte à l'autre, un intervalle assez respectable, un intervalle de *cent vingt-deux ans* !

Est-ce donc que, dans ce laps de temps, aucun fait, aucun événement ne se seraient produits qui eussent pu modifier, infirmer, abroger même le dispositif de Waldemar ? L'histoire, au contraire, nous en signale plusieurs. Je n'en citerai, pour exemple, que la sentence rendue le 28 juin 1427, par l'empereur d'Allemagne Sigismond, choisi pour arbitre d'un commun accord par le roi de Danemark et les comtes de Holstein.

L'empereur, après avoir pris l'avis des prélats, chevaliers, docteurs et jurisconsultes, déclare : « *que tout le Jutland méridional, y compris Slesvig, Gottorp, et autres villes, Danisch-wald, Als et la province de Frise, avec tous les droits et dépendances, a appartenu et appartient au roi et au royaume de Danemark, et que les comte Henri, Adolphe et Gérard n'ont eu et n'ont aucun droit féodal sur le duché.* »

Est-ce clair ? J'ajouterai que les comtes de Holstein, mécontents de cette sentence qu'ils avaient néanmoins juré d'avance de respecter, en ayant appelé au tribunal du pape, l'empereur indigné écrivit lui-même à la cour de Rome en termes tels, que cette cour refusa de se saisir de l'affaire. Les chancelleries allemandes, qui se plaisent tant au culte des vieux souvenirs, devraient bien se rappeler un peu aujourd'hui ce chapitre si instructif de leurs annales[1].

Je reviens au rescrit. L'année 1448 s'était ouverte par la mort du roi de Danemark, ou plutôt du souverain des trois royaumes scandinaves, Christophe III de Bavière. Il s'agissait de lui choisir un successeur. Un des partis qui se disputaient alors le pouvoir en Danemark, jeta ses vues sur Adolphe VIII, comte de Holstein et duc de Slesvig[2], espérant ainsi avoir raison d'un ennemi acharné, et assurer enfin, entre le Holstein et le Danemark, une paix solide et durable. Mais Adolphe, qui redoutait les luttes engendrées par l'union de Calmar, et qui, d'ailleurs, n'avait et n'espérait plus d'enfant, déclinant pour lui-même l'offre de la triple couronne, proposa à sa place son neveu et pupille Christian, comte d'Oldenbourg. Ce jeune prince, élevé à sa cour, et imbu de ses principes, lui semblait, en effet, mieux préparé que tout autre à respecter la situation qui lui avait été récemment octroyée dans le duché.

Telle fut également la pensée des nobles holsteinois. Aussi, approuvant unanimement la proposition d'Adolphe,

1. Dans leur plainte au pape, les comtes de Holstein dénonçaient la sentence de Sigismond comme les ayant frappés avant qu'aucun d'eux eût atteint sa vingt-cinquième année ; ce qui devait suffire, suivant eux, pour les recommander au protecteur naturel des orphelins et des mineurs. Ainsi, ce n'est pas d'aujourd'hui que les Allemands, établis par violence, fraude ou autrement dans le Slesvig, cherchent à s'y faire passer pour opprimés.

2. Christophe de Bavière, élu roi de Danemark à la suite de la déposition d'Erik de Poméranie, craignant que le comte de Holstein, Adolphe VIII, ne se ralliât à ce prince pour l'aider à reconquérir sa couronne, acheta sa neutralité et au besoin son concours, au prix de l'investiture à titre héréditaire du duché de Slesvig. Ce marché resta à l'état de lettre morte, puisque Adolphe ne laissa point d'héritier de son sang.

convinrent-ils d'user de toute leur influence pour lui ménager un accueil favorable auprès des Danois. Mais, comme dans toute cette affaire leurs propres intérêts les touchaient beaucoup plus que ceux du Danemark, ils songèrent d'abord à exploiter à leur profit l'élection éventuelle du comte Christian, et à prendre ce que j'appellerai leurs sûretés.

De là le rescrit du 28 juin 1448.

Il est dit dans ce rescrit : « Que, d'après le bruit public, le Conseil du royaume de Danemark, tant ecclésiastique que séculier, a formé le dessein d'élire roi le comte Christian d'Oldenbourg, afin de contribuer ainsi à la gloire de Dieu, à la paix et à l'unité de l'État, du pays et du peuple. Que, d'un autre côté, l'investiture du duché de Slesvig, ayant donné lieu, dans les temps reculés, à beaucoup de guerres désastreuses sur terre et sur mer, des lettres scellées, d'anciens écrits et d'autres documents rédigés et promulgués par le roi Waldemar et le conseil du royaume de Danemark, en l'an du Seigneur 1326, ont été placés sous les yeux dudit comte ; et que, parmi ces lettres, écrits et documents, se trouvait un article latin qu'il s'est fait traduire, article ainsi conçu : *Item Ducatus Sunder-Jucie regno et corone Dacie non unietur nec annectetur ita quod unus sit dominus utriusque*, etc. Qu'en conséquence, le comte Christian s'est engagé pour lui et ses successeurs, dans le cas où, par la volonté de Dieu, il serait élu et couronné roi de Danemark, à maintenir l'article susmentionné dans sa force, de manière à ce qu'il fût établi une paix éternelle entre le royaume de Danemark et le duché de Slesvig. »

En lisant cette sorte de rapport on ne se douterait guère, assurément, du haut prix que les Allemands se sont plu à y attacher. Mais, est-ce bien là une confirmation? Il serait plus juste, ce semble, de l'appeler une notification, puisque c'est à ce rapport, je ne saurais trop le répéter, que l'on doit la première nouvelle du célèbre article *Item*, etc., c'est-à-dire de toute la prétendue constitution de Waldemar. Du reste, qu'importe? Ce qui est manifeste, c'est que la confirmation est de tout point digne de l'objet qu'elle confirme. Où a-t-elle été rédigée? Où a-t-elle été promulguée? Quels sont les garants de son authenticité? leurs noms? leurs titres? Le comte Christian ne l'a pas même signée. On assure, il est vrai, qu'il l'a scellée de son sceau. Mais ce sceau n'a jamais été retrouvé; en sorte que l'on ne saurait dire si l'acte qui reste est le véritable original ou simplement une copie. Quoi qu'il en soit, d'ailleurs, et fût-il revêtu des formalités les plus rigoureuses, l'acte en question, isolé, et par lui-même, ne signifierait absolument rien. Car s'il date, comme on le prétend, du 28 juin 1448, il n'émane donc de Christian qu'à l'état de prétendant, de comte d'Oldenbourg, l'élection de ce même Christian, au trône, n'ayant eu lieu que le 10 septembre 1448. Or, un comte d'Oldenbourg avait-il qualité pour engager le roi de Danemark?

VI

J'ai hâte d'arriver à quelque chose de plus sérieux. Aussi bien, le lecteur doit être fatigué de ces arguties bizarres, de ces raisonnements dans le vide, de ces gratuites hypothèses n'aboutissant qu'à tourmenter les faits et à travestir l'histoire. Mais, c'est là le Schleswigholsteinisme tel que l'ont inventé les Allemands; il faut du courage pour le contempler face à face.

Le troisième document invoqué par les Allemands, à l'appui de leurs prétentions sur le Slesvig, est la capitulation du 5 mars 1460. Cette capitulation qu'ils appellent la grande Charte *Magna Charta* du Schleswig-Holstein, a, suivant eux, une signification décisive; et il est impossible, ajoutent-ils, sans la connaissance de cette pièce, d'asseoir un jugement solide sur la question à laquelle elle se rattache.

Ne pouvant encombrer ces pages d'un document aussi étendu, je renverrai ceux auxquels il pourrait offrir de l'intérêt à un recueil bien connu qui le publie *in extenso*[1].

Ce qui frappe tout d'abord, dans ce document, c'est qu'il supprime d'un seul coup l'acte confirmatif de 1448. Il n'était pas bien vieux, cependant! La Constitution de Waldemar suit naturellement le même sort. Alors pourquoi avoir fait tant de bruit de ces deux pièces écroulées? Un mot d'histoire pour éclairer cette phase nouvelle.

Adolphe VIII, comte de Holstein et duc de Slesvig, était mort à la fin de l'année 1459, sans laisser d'héritier. Une double vacance s'ouvrait par conséquent : celle du Holstein et celle du Slesvig. Pour le Holstein, les

---

1. *Archives diplomatiques*, 4ᵉ année, t. Iᵉʳ, p. 230-233. Paris, Amyot, rue de la Paix. On trouve aussi le même document dans le numéro de la *Revue contemporaine* du 31 janvier 1864. Il y fait partie d'un article signé du docteur Bamberg, consul de Prusse à Paris, article bien écrit, mais dont le fond ne saurait évidemment satisfaire un lecteur avide de s'instruire. Un consul de Prusse est mal posé, ce semble, pour parler avec impartialité du conflit dano-allemand.

prétendants étaient nombreux ; pour le Slesvig, au contraire, il n'y en avait, il ne pouvait y en avoir qu'un seul, savoir : le roi de Danemark, Christian Ier. Aussi, appréciant ses engagements de 1448, comme ils devaient l'être, c'est-à-dire ne leur attribuant aucune valeur obligatoire, Christian se montrait-il déjà fermement résolu à user de ses droits.

Les magnats holsteinois prirent l'alarme. En effet, s'ils laissaient la succession dans le Holstein et dans le Slesvig suivre son cours naturel, le lien qu'ils avaient réussi naguères à établir entre ces deux principautés se brisait fatalement ; et dès lors toute domination, toute influence leur échappaient sur le duché et sur le royaume.

Pour prévenir un tel désastre, les magnats holsteinois, ou plutôt un puissant parti formé de ces magnats, imagina un nouveau plan de conduite d'une extrême hardiesse. Mettant à l'écart, sans même les consulter, tous les autres prétendants à la succession du Holstein, il proposa à Christian Ier de l'en faire bénéficier par voie d'élection, si, de son côté, renonçant à son droit héréditaire sur le Slesvig, il consentait également à ne prendre possession de ce duché qu'à titre de duc élu. L'ex-comte d'Oldenbourg, le neveu et le disciple d'Adolphe VIII, n'était point homme, on le comprend, à s'opposer aux projets de ses anciens pairs. Il leur avait, d'ailleurs, trop d'obligation, même des obligations d'argent. Et puis la perspective de devenir, en même temps que duc de Slesvig, comte de Holstein, était bien séduisante. Christian Ier souscrivit donc à tout ce qu'on voulut.

En conséquence, le premier dimanche de carême de l'an 1460, les magnats holsteinois s'étant réunis en assemblée avec les magnats slesvigois à Ribe, en Jutland, élurent Christian Ier roi de Danemark, duc de Slesvig et comte de Holstein. L'évêque de Slesvig, du haut de l'hôtel de ville, notifia ensuite cette élection au peuple qui y était resté absolument étranger.

Une capitulation suivit trois jours après, capitulation scellée du sceau du roi Christian, et confirmée par dix-sept témoins, dont deux conseillers danois seulement, qui se trouvaient alors, par hasard, à Ribe. Cette capitulation renferme une foule de choses. Il y est question de la foi chrétienne, du service divin, de la justice, de Hambourg, de Lübeck, des mauvaises mœurs, des impôts, de l'octroi, des voyages et de la cuisine du comte-duc, surtout des possessions et des priviléges du clergé et des nobles. Je n'en relèverai que trois passages intéressant plus directement le sujet dont je m'occupe.

« 1° Nous confessons et convenons, dit le roi Christian, que nous avons été élu seigneur desdits pays (Holstein et Slesvig), non pas *comme roi de Danemark, mais par la prédilection que les habitants de ces pays ont pour notre personne;* que nous ne donnerons pas en héritage ces pays à un de nos parents; mais, comme nous avons été élu uniquement par la libre volonté des habitants susnommés, eux et leurs successeurs, chaque fois que ces pays redeviendront libres, conserveront leur droit d'élection, soit qu'ils élisent un de nos enfants pour leur seigneur, ou, s'il n'y en avait pas, ce qu'à Dieu ne plaise, un de nos successeurs légitimes.

« 2° Celui qui sera élu, ainsi qu'il vient d'être dit, *demandera l'investiture de son suzerain et fera comme de droit.*

« 3° Nous nous engageons aussi à maintenir de tout

notre pouvoir ces pays en bonne paix, et qu'ils *restent
éternellement ensemble indivis (ungedeelt).* »

Ainsi, contrairement à la constitution de Waldemar et
au rescrit de 1448, voilà, sans parler du Holstein, voilà le
Slesvig placé sous l'autorité d'un seul et même maître.
Il importe peu, à ce point de vue, que Christian 1er ait
été élu comme roi de Danemark, ou comme prince spé-
cialement agréable aux habitants du duché; il n'en est
pas moins titulaire de la double souveraineté. Ajoutons
qu'en dépit du maintien stipulé du droit d'élection, la
position qui lui est dévolue dans le Holstein et dans le
Slesvig, constitue réellement à son profit, un apanage
héréditaire, puisque, aux termes de la capitulation, ses
successeurs ne pourront être choisis que parmi ses enfants, ou, à leur défaut, parmi ses héritiers légitimes.

Ceci, eu égard à l'esprit qui a dicté cette capitulation,
paraît assez anomal. Mais, ce qui l'est bien plus encore,
c'est que le droit de suzeraineté étant réservé, savoir,
pour le Holstein, à l'empereur d'Allemagne, pour le
Slesvig au roi de Danemark, Christian 1er, par le fait
de son élection comme duc de Slesvig, devient son
propre vassal, et doit se demander à lui-même l'investiture. En vérité, la grande charte a d'étranges caprices!

D'après la capitulation, le comté de Holstein et le
duché de Slesvig doivent rester éternellement indivis
(*ungedeelt*). Quel est le sens de cette disposition? Les
Allemands l'interprètent comme si au lieu d'*ungedeelt*,
elle portait *ungescheeden*, c'est-à-dire que, selon eux,
les deux pays doivent rester éternellement inséparables.
Les Danois, au contraire, s'en tenant à l'expression litté-
rale, n'y voient qu'une stipulation ayant pour but de
garantir chacun de ces deux pays, pris individuellement,
contre tout partage éventuel de leur territoire respectif

entre les mains de plusieurs maîtres. Cette interprétation, qui me semble la plus naturelle, a été implicitement acceptée et confirmée plus tard par l'empereur Rodolphe II lui-même.

Prenons maintenant la capitulation dans son principe. Il serait difficile, assurément, de rencontrer une plus flagrante confusion de tous les droits et de tous les devoirs. A quel titre, une poignée de nobles ambitieux, brisant une tradition séculaire, disposait-elle de deux principautés sur lesquelles elle n'avait aucun droit, ni de feudataires, ni de suzerains? A quel titre, Christian Ier se prêtait-il à cette coupable manœuvre? Comte d'Oldenbourg, il était libre de s'engager à son gré, cela ne tirait point à conséquence pour sa future couronne. Mais, roi de Danemark, n'était-il pas lié vis-à-vis de son peuple et par ses propres serments, et par les lois de l'État? Or, d'une part, à Haderslev, le 1er septembre 1448, c'est-à-dire à l'époque même de son avénement, Christian Ier avait juré, suivant l'ancien usage, de n'aliéner du royaume aucun fief ni château; de l'autre, il devait savoir qu'une telle aliénation, si jamais elle était proposée, ne pouvait avoir de valeur qu'autant qu'elle eût été consacrée par l'assentiment, non de deux conseillers isolés, mais de la diète danoise tout entière.

Aussi, la capitulation du 5 mars 1460, se vit-elle battue en brèche, dès qu'il s'agit de l'appliquer. Christian Ier, lui-même qui, mieux que tout autre, sans doute, en connaissait l'inanité, ne se fit aucun scrupule de la violer dans plus d'un point essentiel. Ses fils et successeurs protestèrent contre elle et agirent en conséquence; les empereurs d'Allemagne se joignirent à eux. Bref, la grande charte ne paraît guère différer de tous ces autres arrangements déjà signalés : fantôme d'occasion, issu d'un arbitraire violent et d'une ambition complice, elle devait disparaître sous le souffle puissant de la justice et du droit.

Et, lors même que nous donnerions gain de cause aux Allemands, lors même que nous reconnaîtrions à la prétendue grande charte la haute importance dont ils la décorent, est-ce à l'Allemagne que cela profiterait? Ne serait-ce pas plutôt au Danemark? Car enfin, supposons l'inséparabilité du Holstein et du Slesvig scellée à jamais, pourquoi le Holstein en revendiquerait-il les avantages de préférence au Slesvig? Le Slesvig, je parle ici dans les limites de la grande Charte, le Slesvig relevant de Christian Ier, à la fois roi, duc et comte, comte de Holstein[1], n'avait-il pas une force d'attraction bien supérieure à celle du petit État allemand, son voisin, et n'était-ce pas à lui, au contraire, à l'entraîner dans son orbite?

VII

Tels sont donc les trois documents qui forment la base capitale du Schleswigholsteinisme. On a vu si elle est solide. Toute cette longue histoire du conflit dano-allemand est pitoyable. On a voulu en faire un intérêt de

---

1. Christian Ier, estimant sans doute trop insuffisante, quant au comté de Holstein, l'élection des magnats holsteinois, vint en solliciter la confirmation auprès de l'empereur d'Allemagne, en 1474. C'est à cette occasion que le comté fut érigé en duché.

nationalité. Rien n'est plus faux. C'est uniquement un intérêt de parti. D'ambitieux hobereaux groupés autour d'un chef façonné à leur image, cherchent à s'étendre au détriment d'un voisin plus puissant et plus vaste. Intrigues, violences, argent, rien n'est épargné. Les concessions arrachées à la complicité ou à la faiblesse ne servent qu'à attiser les convoitises. On se moque des titres les plus sacrés, on les interpole, on les dénature; on en forge d'autres au besoin. C'est un chaos sans nom.

Et tout cela a duré jusqu'à l'année 1721. A cette époque, le duc de Gottorp, possesseur de la partie ducale du Slesvig[1], ayant fait cause commune avec la Suède, dans la guerre qu'elle soutenait contre le Danemark, expia sa trahison par la perte de ses États. A la conclusion de la paix, Frédéric IV, roi de Danemark, déclara le duc déchu de tous ses droits; et par lettres patentes du 22 août, incorpora ses possessions, et par conséquent le Slesvig tout entier, à sa couronne. Le 4 septembre suivant, les prélats et les chevaliers slesvigois confirmèrent cette incorporation en prêtant serment d'hommage et de fidélité au roi, tandis que les États et les habitants des campagnes remplissaient la même formalité entre les mains des commissaires et des baillis nommés à cet effet. Un acte revêtu d'un appareil aussi solennel est un peu plus imposant et offre un peu plus de garantie, ce semble, que toutes les capitulations, confirmations, constitutions, etc., invoquées jusqu'ici par les Allemands.

L'incorporation dont il s'agit n'avait rien que de très-logique et de très-naturel. Aussi Frédéric IV se sent-il à

---

1. Le Slesvig était divisé alors en deux parties : la partie ducale relevant du duc de Gottorp, et la partie royale relevant du roi de Danemark.

peine obligé de la motiver. Il est dit tout simplement dans le formulaire du serment complétant et expliquant ses lettres patentes, après avoir rappelé les procédés, les actes et les attentats hostiles des ducs de Gottorp contre le Danemark, qu'il réunit leur possession à sa couronne comme un ancien fragment qui en avait été illégitimement détaché par l'injure des temps, *injuria temporum.* Ce n'est qu'un retour à l'ordre primitif, une mesure de réparation et de justice.

Les Allemands accoutumés à voir les rois de Danemark plier presque toujours devant les prétentions des comtes ou ducs de Holstein, n'ont pu se remettre encore de l'acte énergique de Frédéric IV. Ils épiloguent à l'envi sur son texte, courant après une interprétation susceptible d'en atténuer la portée. Je ne m'arrêterai point à leurs arguties; je les inviterai seulement à faire une visite au Musée des souverains établi à Copenhague dans les salles du château de Rosenborg. Ils y verront un superbe gobelet en or devant lequel les partisans du Schleswigholsteinisme ne passent jamais sans éprouver une sorte d'agacement nerveux. Ce gobelet, offert à Frédéric IV par les États du Slesvig en souvenir de leur serment d'hommage et de fidélité, est couvert d'inscriptions propres à dissiper tous les doutes sur le caractère et l'étendue de l'incorporation.

En procédant à cette incorporation, Frédéric IV n'avait pas seulement pour lui son droit de monarque danois, il avait encore l'assentiment et l'appui de toutes les grandes puissances.

Ainsi, l'Angleterre et la France, sous les auspices desquelles la paix avait été conclue entre la Suède et le Danemark, s'étaient engagées, l'une et l'autre, à garantir à ce dernier *la possession perpétuelle du Slesvig contre tous et*

*chacun qui tâcheraient de la troubler soit directement,
soit indirectement*[1]. La garantie anglaise est du 23 juillet 1720, la garantie française du 18 août de la même année. Plus tard, le 16 avril 1727, un nouveau traité entre la France et l'Angleterre vient confirmer cette double garantie et en régler l'application. La France s'y oblige, au cas où le Danemark serait menacé dans sa possession du Slesvig, à fournir 30 000 hommes; l'Angleterre 12 000, plus une flotte considérable et d'importants subsides[2].

Antérieurement à ces divers actes, en 1715, le roi Georges d'Angleterre, comme électeur de Brunswick-Lunebourg, avait déjà conclu un traité avec le roi de Danemark[3], puis, comme électeur de Hanovre, un autre traité avec le roi de Prusse. Or, dans ces deux traités, la garantie de la possession du Slesvig à la couronne danoise est aussi formellement stipulée[4]. Du reste, la Prusse qui, par l'annexion à son territoire d'une partie considérable de la Poméranie, avait si largement bénéficié des conquêtes de Danemark, lui devait bien ce témoignage de reconnaissance. Il en était de même du

1. *Archives diplomatiques*, 4° année, t. Ier, p. 83-85 et p. 228 et 230.

2. *Dumont*, t. VIII, P. II. p. 144-146.

3. Ce traité est rappelé dans l'acte de garantie de la Grande-Bretagne cité plus haut.

4. Charles Stanhope, ministre des affaires étrangères d'Angleterre, écrit à lord Stair, ambassadeur anglais à Paris, le 20 octobre 1719 : « Le Danemark ne consentira jamais de gré à rendre le Schlesvik. Et c'est aussi le pire qui pût lui arriver, quand toutes les puissances se ligueraient ensemble, pour le lui arracher par la force d'armes. Le roy comme électeur et le *roy de Prusse le luy ayant garanti par les traitez de* 1715, pouvaient-ils jamais lui proposer de faire la paix, en rendant tout ce qu'ils lui ont garanti?... »

Hanovre et de Brunswick - Lunebourg, qui s'étaient agrandis aussi, de leur côté, par le fait des armes danoises.

Je citerai encore la garantie collective donnée par l'Autriche et la Russie, dans le traité conclu entre ces deux puissances et le Danemark, le 26 mai 1732[1]; et enfin la garantie individuelle de la Russie du 31 mai 1773[2].

Est-ce assez de garanties ? La France, l'Angleterre, la Russie, le Hanovre, l'Autriche, la Prusse !... Certes, pour agir avec un tel ensemble, il fallait que toutes ces puissances fussent bien profondément convaincues des droits du Danemark sur le Slesvig. Du reste, toute l'Europe en était là. L'appartenance du Slesvig au Danemark comme fief et comme pays danois, faisait partie de son droit public. Il ne serait alors venu à l'idée de personne que, pour avoir vu s'établir sur son territoire, quelques milliers d'Allemands, il eût été transformé en pays allemand, et dût rentrer dans le giron de la patrie allemande. En 1815, au congrès de Vienne, les mêmes principes prévalurent. Le roi de Danemark entra dans la Confédération germanique, non comme duc de Slesvig, mais comme duc de Holstein; et, lorsque plus tard, l'ordre équestre de ce dernier duché, s'appuyant sur l'article 56 de l'acte final du congrès de Vienne, voulut réclamer auprès de la Diète une constitution qui deviendrait aussi commune au Slesvig, la Diète lui répondit que le Slesvig était hors de la compétence de la Confédération germanique[3]. Telle fut aussi la décision rendue par la Prusse

1. Rousset, suppl. au *Corps univ. dipl.*, t. III, p. 334-338.

2. L'empereur Paul, renonçant au Slesvig, en faveur du roi de Danemark et de ses héritiers et successeurs royaux, s'obligea en même temps *à ne pas souffrir qu'aucun autre agît contre cette renonciation ou cession.*

3. Beschluss der Bundesversammlung vom **27. nov. 1823.**

dans la même circonstance. La Prusse déclara qu'à aucun titre quel qu'il fût, la Confédération germanique ne pouvait étendre son autorité sur le Slesvig[1]. Voilà des précécédents singulièrement en désaccord avec les prétentions actuelles du Schleswigholsteinisme!...

VIII

En rétablissant le duché de Slesvig dans sa situation normale primitive vis-à-vis de la couronne de Danemark, Frédérik IV ne changea rien à son organisation intérieure, ni à son système particulier d'administration. Il laissa également intacts les rapports qu'avait pu créer entre ce duché et le Holstein leur réunion temporaire et accidentelle sous un même souverain ; rapports du reste tout personnels, et basés, exclusivement sur certains intérêts économiques et quelques priviléges nobiliaires. On eût dit que, satisfait d'avoir affirmé de nouveau, à la face de l'Europe, son vieux droit séculaire, ce prince se souciât peu de l'appliquer dans sa rigueur.

Ce fut un tort. Si Frédérik IV eût d'emblée consommé l'incorporation promulguée par ses lettres patentes du 22 août 1721, c'est-à-dire s'il eût entièrement fusionné le duché dans la monarchie, et qui donc eût pu s'y opposer? le Danemark eût échappé, sans nul doute, à cette

---

1. « ..... *Weil das Herz. Schleswig nicht zu den deutschen Bundesländern gehöre, und daher ganz ausserhalb des Einflusses des Bundes liegt.* »

suite lamentable d'épreuves dont il souffre encore si cruellement aujourd'hui. Car alors toute influence parasite eût été extirpée du Slesvig, et les Allemands du Holstein et d'ailleurs eussent dû, de gré ou de force, mettre un frein à leur ambition.

La tolérance de Frédérik IV, tolérance trop fidèlement imitée, pour ne pas dire plus, par ses successeurs, a tout compromis. Grâce à l'impunité qu'elle leur assurait, les nobles holsteinois, établis à divers titres dans la plupart des grands domaines héraldiques du Slesvig, y continuèrent contre la nationalité indigène cette guerre désastreuse inaugurée par leurs devanciers depuis la fin du quatorzième siècle. Une foule d'Allemands de tout état et de toute condition, venus à leur suite, les y aidait puissamment. Travail infernal se poursuivant, en plein soleil, avec une obstination inouïe, et brisant impudemment sur son passage les traditions les plus vénérables, les droits les plus sacrés.

Les Danois résistaient instinctivement. Malheureusement pour eux, au lieu de trouver dans leurs protecteurs naturels, c'est-à-dire dans leurs propres souverains, une force et un appui, ils n'y trouvaient que de nouveaux obstacles. En effet, jusqu'à Christian VIII, ou plutôt jusqu'à Frédérik VII, les rois de Danemark se sont comportés envers leurs peuples, non comme des rois nationaux, mais comme de véritables étrangers. Allemands d'origine, Allemands d'idées, de goûts, d'habitudes, ils se faisaient une gloire de calquer en tout l'Allemagne. Leur cour était allemande, leur entourage était allemand, et ils n'épousaient que des princesses allemandes. Comment donc se fussent-ils opposés aux atteintes portées à la nationalité danoise? Ils n'y songeaient même pas. Pourvu que le principe de leur souveraineté fût sauf, ils laissaient les mains libres à tous les agents, grands et petits, auxquels ils déléguaient le pouvoir. Or, comme ceux-ci, dans les duchés surtout, étaient presque sans exception des Allemands, ils usaient naturellement de cette tolérance, je devrais dire de cette complicité, au profit exclusif de l'orthodoxie tudesque [1].

En vérité, quand on considère ces longs et opiniâtres efforts tentés pour la germanisation du Slesvig, on s'étonne qu'il puisse encore y rester une ombre de nationalité danoise. Quelle n'est donc pas l'énergie de cette nationalité ! Car, enfin, malgré tout, elle s'est maintenue dans le duché; que dis-je? sans parler de ses attributs caractéristiques dont on y rencontre partout la vive empreinte, elle y domine par l'incomparable supériorité du nombre. En effet, si nous interrogeons les statistiques contemporaines, nous trouvons que sur 410 000 habitants formant la population totale du Slesvig, 160 000 seulement sont Allemands ou parlent allemand, tandis que tous les

---

1. Je recommande, pour cette partie de la question dano-allemande, une brochure intitulée : *La nationalité du Slesvig*, publiée par M. E. Beauvois. L'auteur y traite son sujet de la façon la plus compétente. Il emprunte ses principaux arguments à l'*Histoire de la langue danoise dans le duché de Slesvig*, par M. F. Allen, ouvrage capital que les Allemands n'ont pas encore réfuté, qu'ils ne réfuteront pas. Ils se sont même appliqués jusqu'à présent à le passer sous silence, ce qui vaut mieux, sans doute, que de le falsifier, comme ils en ont l'habitude, toutes les fois qu'ils citent un ouvrage danois. N'avonsnous pas vu M. Falck, un des champions les plus vigoureux du Schleswigholsteinisme, écrivain très-honorable, du reste, supprimer arbitrairement, dans un livre du même auteur qu'il traduisait en allemand, tous les passages susceptibles de contrarier les tendances de son parti? C'est à l'aide de pareilles manœuvres, qu'un autre champion de ce parti, M. Bunsen, a pu rédiger, sous le titre perfide de : *Memoir on the constitutional Rigths of Schlesvig and Holstein,* ce monstrueux et ridicule factum, présenté, en 1848, à lord Palmerston.

autres, sauf environ 25 000 Frisons, sont Danois et parlent danois.

Oui, 160 000 Allemands! Et c'est pour ces 160 000 Almands, que l'Allemagne tout entière fait aujourd'hui la guerre au Danemark!

Comment en est-on venu là? Comment l'Allemagne a-t-elle pu en imposer à l'Europe, au point de lui faire croire qu'il y avait dans le Slesvig une nationalité allemande opprimée et qu'il était du devoir de la grande patrie, *grosse Vaterland*, de s'armer pour la défendre? Oh! l'intrigue a été ourdie fort habilement.

J'ai parlé plus haut de la tolérance dont les rois de Danemark favorisaient les Allemands établis dans leurs États. Cette tolérance eut enfin un terme. Le gouvernement danois s'aperçut que la propagande dont on s'était si peu défié, ne tendait à rien moins qu'à mettre le Danemark sous les pieds de l'Allemagne et à préparer peu à peu son démembrement. Il résolut de la réprimer. Mais, déjà le mal avait poussé de profondes racines; déjà le Schleswigholsteinisme s'était érigé en parti, parti d'autant plus turbulent, d'autant plus audacieux que, grâce à la nouvelle organisation donnée à l'Europe par le Congrès de Vienne[1], il

1. Le Danemark, déjà dépouillé de la Norvége, entra dans la Confédération germanique avec le Holstein et le Lauenbourg. Ainsi, d'une part, il perdait un des éléments de sa propre nationalité, un puissant contre-poids, par conséquent, tandis que de l'autre, surchargé d'un double appendice qui le rendait responsable vis-à-vis de l'Allemagne, il s'ouvrait plus largement à l'ingérence étrangère. Singulière justice distributive! Le Danemark est frappé dans la Norvége, parce qu'il s'est montré l'allié trop fidèle de Napoléon 1er; la Suède est frappée dans la Finlande, pour le motif contraire. Pourquoi n'avoir pas rétabli les choses dans leur premier état? Pourquoi n'avoir pas rendu la Norvége au Danemark, la Finlande à la Suède? Est-ce que la Russie avait besoin de garder une nouvelle con-

était certain de trouver dans tout le ressort de la Confédération germanique non-seulement un écho sympathique à ses plaintes, mais encore un concours actif et dévoué à ses prétentions. De là la révolte de 1848. Le Danemark en sortit vainqueur, il est vrai, mais il n'en fut pas moins obligé, le couteau sous la gorge, de prendre des engagements contraires à ses droits les plus légitimes et à toute la logique de son histoire.

Ce fut là le point de départ de tracasseries sans fin. Plus de trève ni de merci! L'Allemagne harcela le Danemark de ses exigences, d'autant plus âpre qu'il se montrait plus conciliant. Après le Holstein, elle entreprit le Slesvig, le Slesvig sur lequel, en 1816 et en 1823, la Prusse et la Diète de Francfort s'étaient si explicitement déclarées incompétentes. Exagérant entre les deux duchés une connexité de pure surface, elle les engloba peu à peu l'un dans l'autre et les confondit dans la même solidarité. Et comme appoint à toutes ces manœuvres, les doctrines les plus étranges tombaient du haut des chaires. On y enseignait, par exemple, sur la foi de Jacques Grimm, auteur de la découverte, une sorte de droit allemand populaire, *Volksrecht*, resté ignoré jusqu'alors, droit primordial, supérieur à tous les traités, à toutes les conventions, à tous les contrats les plus sacrés et les plus solennels, autorisant l'Allemagne à s'étendre partout où la langue allemande est en vigueur; partout où un simple dialecte allemand est parlé ou a été parlé, n'importe à quelle date; partout, enfin, où il est seulement possible qu'ait habité un peuple allié, même au degré le plus insaisissable, des Allemands contemporains.

C'est là le Pangermanisme, ce Briarée aux cent bras, quête qui répugnait, qui répugne, qui répugnera toujours à sa domination?

menaçant, comme on le voit, de mettre le feu aux quatre coins de l'Europe. Pour le moment, toutefois, il restreignit ses visées au Danemark et n'accoucha que du Schleswigholsteinisme. Mais, c'était assez pour faire tourner toutes les têtes. Les pamphlétaires et les gazetiers, d'ailleurs, ne manquaient pas, car on les payait bien, pour soutenir l'initiative des docteurs et l'accommoder aux goûts du vulgaire.

Malheur, alors, à qui portait dans son nom une simple consonnance germanique! Bellman, Scheele, Geijer, Berzelius, Tegner, Hansteen, OErsted, OEhlenschlœger, etc., tous ces littérateurs, savants ou artistes dont s'enorgueillit la Scandinavie, se virent dépouillés de leur nationalité, et poussés de force dans le Panthéon allemand. N'était-ce pas, du reste, pour eux un grand honneur?. Car enfin, sait-on ce que c'est, d'après les Allemands, que le peuple allemand? *Le peuple allemand est sous une forme concentrée toute l'essence de l'humanité; et la civilisation européenne ne peut avoir de grandeur et d'éclat qu'en se moulant fidèlement sur le génie chrétien et politique de l'Allemagne.*

Je demande pardon au lecteur de mettre sous ses yeux de pareilles extravagances; mais c'est grâce à elles, c'est grâce au parti qu'en ont tiré les politiques, que, dans la question qui nous occupe, les cerveaux allemands ont été montés jusqu'au délire. Il s'en est exhalé une fumée qui a obscurci les vérités les plus claires et les plus manifestes. La nuit s'est faite partout. On a confondu le Holstein avec le Slesvig, le Slesvig avec le Holstein, les deux duchés avec l'Allemagne, et ainsi, finalement, une immigration de cent soixante mille Allemands dans un pays danois, est apparue aux esprits abusés ou prévenus, non comme une nationalité factice et de nulle valeur, mais comme une nationalité réelle ayant droit au respect des peuples et à l'intérêt des gouvernements.

Au milieu d'une situation aussi violente, quelle était l'attitude du gouvernement danois? Elle était calme et digne, conciliante, mais ferme. Il ne s'illusionnait en aucune façon sur les desseins de l'Allemagne. C'était évidemment la vieille politique du comte Gérard qu'elle voulait faire revivre, politique tendant à l'absorption, tout au moins à l'asservissement de la monarchie par les duchés. Il s'étudia à la déjouer. Accordant à l'Allemagne tout ce qu'elle était en droit d'exiger et plus encore, il ne souffrit, néanmoins, jamais qu'elle enchaînât son indépendance. Ainsi, tous les efforts de la Diète germanique pour obtenir en faveur de l'élément allemand, dans la représentation générale du Danemark, une importance égale à celle de l'élément danois, échouèrent devant sa résistance. Peu susceptible à l'endroit des stipulations formulées dans l'intérêt exclusif du Holstein[1], il se montrait, au contraire, d'une fierté jalouse pour ce qui concernait le Slesvig, et le fermait inexorablement à toute autre ingérance que la sienne.

A la vérité, fidèle à ses engagements de 1851-1852 envers la Prusse et l'Autriche[2], le gouvernement du roi

---

1. Il alla même, par la fameuse ordonnance du 30 mars 1863, jusqu'à le doter d'une autonomie absolue. L'Allemagne, il est vrai, s'en est montrée peu satisfaite ; mais le moyen, pour le Danemark, à moins de se livrer à elle pieds et poings liés, de satisfaire jamais l'Allemagne?

2. Les documents relatifs à ces engagements, se trouvent dans les *Archives diplomatiques*, 4ᵉ année, tome Iᵉʳ, p. 240-272. — M. Geffroy, écrivain parfaitement instruit des choses du nord, les résume ainsi : « Dans le premier document qui est un plan d'organisation, on lit ces paroles : Le duché de Slesvig aura une Diète spéciale avec voix délibérative. Les deux nationalités danoise et allemande seront placées dans ce duché sur un pied de parfaite égalité. Dans

Frédéric VII s'abstint de réparer la faute de ses prédécesseurs, en incorporant définitivement le duché au royaume. Il se borna seulement à l'organiser de manière

la seconde annexe à la dépêche du 6 décembre, il est dit : Le roi de Danemark a déjà promis de déclarer de nouveau que le duché de Slesvig ne sera pas incorporé au royaume, et qu'aucune mesure ne sera tentée dans cette intention. Mais, s'il est parlé ainsi du Slesvig, dans ces deux premiers actes, ce n'est pour ainsi dire que par occasion ou par parenthèse. Il y est d'ailleurs principalement question du Holstein et du Lauenbourg, ainsi que de leurs relations avec le reste de la monarchie. De plus, dans cette même dépêche du 6 décembre 1851, le ministre des affaires étrangères (de Danemark) revient jusqu'à deux fois sur cette condition *sine qua non* de toute négociation définitive, que la Confédération n'a aucune sorte de droit à réclamer une influence quelconque dans les affaires du Slesvig, que la Diète fédérale devra s'abstenir de toute prétention à une autorité quelconque sur ou concernant le duché de Slesvig, possession de la couronne danoise. Et la dépêche autrichienne du 26 décembre de la même année paraît bien l'entendre ainsi, car insistant sur le désir exprimé par les puissances allemandes que la future constitution de la monarchie danoise ne fut pas adaptée à la constitution danoise de 1849, à leur gré *beaucoup trop libérale*, elle assure que d'ailleurs aux yeux des grandes puissances, les droits souverains du roi restent sacrés, et que suivant l'intime conviction de l'empereur d'Autriche et du roi de Prusse (alors mandataires comme on sait de la Diète fédérale), ces droits ne souffriraient aucune atteinte d'une déclaration ou d'une assurance formelle sur les principaux points encore litigieux. Le quatrième document, ou la proclamation du roi de Danemark à ses propres sujets, promet de nouveau au Slesvig toute sécurité quant aux droits égaux des deux nationalités danoise et allemande, et la dernière dépêche danoise du 29 janvier 1852, revient sur la non incorporation du Slesvig dans le royaume. « *Revue des Deux-Mondes* du 1er janvier 1863, p. 204. Voilà les engagements du Danemark vis-à-vis de la France et de l'Autriche. Ils résultent, comme on le voit, d'un simple échange de dépêches diplomatiques ; ils n'ont, par conséquent le caractère ni d'une stipulation internationale, ni d'un traité. Ce ne sont, à vrai dire, que des engagements d'honneur obligeant le roi de Danemark envers ses sujets et non envers l'étranger. Comment donc, même s'ils avaient été violés, ainsi qu'ils le prétendent, les Allemands pourraient-ils s'en faire une arme contre le Danemark?

à concilier son indépendance particulière avec les droits du souverain[1]. Il prit, en outre, les moyens de garantir la nationalité danoise contre les excès de la propagande allemande. Ainsi, désormais, il ne fut plus permis à la langue allemande de s'imposer arbitrairement à des populations qui ne la comprenaient pas. Chaque partie du duché put entendre prêcher et enseigner dans la langue qui lui était propre : la partie danoise en danois, la partie mixte en danois et en allemand, la partie allemande en allemand.

Chose étrange! Ces mesures si sages, si modérées, si impartiales, si conformes aux engagements de 1851-1852, soulevèrent dans toute l'Allemagne un orage de colères. Il est vrai qu'elles enlevaient à la germanisation du Slesvig son levier le plus puissant. On cria à l'inquisition, à la persécution ; on traita le roi Frédéric VII, ce prince si doux, si conciliant, de Torquemada, de Bomba. Les clabaudeurs stipendiés s'en donnaient à cœur joie. On agita toute l'Europe. Les dépêches des chancelleries allemandes se transformèrent en réquisitoires. L'Angleterre fut conviée à une croisade. Oui, parmi tant de plumes vénales, il s'en trouva qui s'évertuèrent à prouver à l'Angleterre qu'elle descendait des Frisons du Slesvig, et

1. Le Conseil du royaume *Rigsraad* n'a aucune espèce de pouvoir sur les affaires particulières du duché. Or, parmi ces affaires, il faut comprendre notamment tout ce qui a rapport aux chemins publics, aux canaux, aux ports, au commerce, à l'industrie, à l'agriculture, aux intérêts municipaux, à la justice, à la police, à la conscription militaire et maritime, à l'Église, à l'éducation, etc. Le duché a pour cela sa législation et sa représentation spéciales, sa propre administration sous un secrétaire d'État distinct, ses propres tribunaux avec une Cour d'appel suprême, sa propre hiérarchie avec un évêque, et, enfin ses propres finances. Était-il possible de mieux assurer son indépendance, de mieux remplir, par conséquent, les engagements de 1851-1852?

que c'était à elle à voler au secours des fils de ses ancê-
tres, opprimés par les Danois. Les dames, les matrones
du Schlesvigholsteinisme envoyèrent une adresse à la
reine Victoria.

Quel effroyable tapage! Eh bien! j'affirme, et aucun
des juges impartiaux qui comme moi ont vu le Slesvig ne
me démentira, j'affirme que toutes ces accusations ne
sont que calomnies. Sans doute, il y a eu des abus :
où n'y en a-t-il pas? mais ces abus ne touchaient qu'à
des détails d'application sans portée; les faits graves
avaient toujours une raison d'être qui les justifiaient.
D'ailleurs, qu'importe! Est-ce que le Danemark n'était
pas dans son droit? Comment! pendant plus de quatre
siècles, les Allemands établis dans le Slesvig y ont, à
l'envi, torturé, violenté, assassiné la nationalité danoise [1], et le Danemark serait mis au ban de l'Europe,
que dis-je? au ban de la civilisation et de l'humanité
parce qu'il réagit enfin contre ces attentats, et cherche à
en prévenir le retour! Et c'est l'Autriche, c'est la Prusse
qui s'indignent et s'exaspèrent! Mais, que font-elles donc
de leur côté à Posen, en Gallicie, en Bohéme, en Mora-
vie, en Vénétie, en Hongrie, etc.? Il y a là, sous leur
joug de fer, des victimes bien autrement intéressantes
par le mérite et par le nombre que les 160 000 Allemands du Slesvig.

Je disais que les accusations portées contre le Danemark n'étaient que calomnies. Voici un fait dont j'ai été
personnellement témoin, tandis que j'étais à Copenhague.
Un jeune théologien sollicitant une place de vicaire dans
une des paroisses du duché où les deux langues danoise
et allemande se parlent simultanément, déclara, dans sa

---

1. Voir la brochure citée plus haut, page 38.

requête, qu'il ne reconnaissait pas les lois et règlements en vigueur dans ces paroisses, mais que, s'il était nommé, il regarderait comme un devoir de s'y conformer. Naturellement, le gouvernement lui répondit qu'il ne voulait pas faire violence à sa conscience et lui refusa la place. On n'imaginerait pas tout le bruit qu'occasionna cette affaire. Le *Mercurus* d'Altona la dénonça comme une iniquité monstrueuse, comme un effronté scandale; tous les autres journaux allemands vociférèrent le même thème. Et cela dura plus de trois mois. *Ab uno disce omnes!*

Cependant, plus d'une protestation émanée de gens calmes et sensés s'élevait contre ces diatribes. On écrivait, par exemple, non pas même du Slesvig, mais du Holstein, quelques mois avant l'ouverture des hostilités, à l'un des organes de publicité les plus accrédités de la haute Allemagne, cette lettre significative : « Nous déclarons aux gouvernements allemands, nous citoyens imposés du Holstein, que nous ne voulons pas des troupes fédérales dans notre pays. Nous sommes contents de notre gouvernement, car nous jouissons, grâce à lui, d'incomparablement plus de liberté que tous les peuples de la Confédération germanique ensemble. Qu'on nous laisse seulement tranquilles, et qu'on épargne à nos oreilles ces clameurs étourdissantes de scribes gagés, de faméliques à la recherche d'emplois et d'outrecuidants hobereaux! Où trouverait-on un pays administré avec plus de modération que le nôtre? Pourquoi donc viendrait-on nous apporter le trouble et la guerre, et nous empêcher ainsi de gagner notre pain? Qu'on essaye chez nous de ce suffrage universel qui est tant à la mode, et l'on verra si nous voterons pour l'exécution. Nous ne sommes pas des avocats, mais de simples et honnêtes bourgeois qui disent sans détour ce qu'ils ont sur le cœur. »

Un autre grief de l'Allemagne contre le Danemark, celui qui, avec l'ordonnance du 30 mars, a servi de prétexte ostensible à la guerre actuelle, est la constitution du 18 novembre 1863[1]. L'Allemagne a prétendu que par cette constitution le Danemark avait consommé l'incorporation du Slesvig au royaume, et ainsi violé ses engagements de 1851-1852.

Je n'examinerai point la valeur de ces engagements ; les chancelleries dano-allemandes n'ont que trop discuté sur ce point, et sans parvenir, il faut l'avouer, à l'éclairer d'une décisive lumière[2]. Mais ce que je soutiendrai, c'est que la Constitution du 18 novembre a respecté dans leur plénitude les franchises locales, les immunités particulières, tous les éléments, en un mot, sur lesquels repose l'indépendance du Slesvig[3], et que par conséquent elle n'a pas plus incorporé le duché au royaume qu'il ne l'était avant sa promulgation.

Qu'il me soit permis, du reste, de m'en référer à la parole même du roi Frédérik VII, ce roi honnête homme par excellence, et porté par la noblesse de son caractère à exagérer bien plutôt qu'à amoindrir ses obligations in-

1. Voir pour le texte : *Archives diplomatiques*, 4ᵉ année, t. Iᵉʳ, p. 149-158.

2. Voir la note plus haut, p. 42.

3. La Constitutution du 18 novembre n'est, en réalité, qu'une réforme de la Constitution du 2 octobre 1855. Elle établit deux Chambres au lieu d'une, étend le droit électoral et augmente le nombre des membres de la Chambre représentative du Slesvig, en les portant de treize à quarante-huit, ce qui assure au Conseil du royaume une action plus efficace, dans tout ce qui concerne les affaires étrangères, l'armée, la marine et les finances communes. Le Conseil du royaume n'emprunte, d'ailleurs, à cette Constitution aucune autorité nouvelle sur le gouvernement provincial du duché.

ternationales. Voici ce qu'il disait à l'un de ses ministres peu de temps avant sa mort :

« J'ai voulu faire jouir les duchés de Holstein et de Lauenbourg d'une pleine et entière autonomie; mais je *n'incorporerai point le Slesvig, parce que je l'ai promis.* Je lui donnerai seulement une Constitution qui mettra ses droits particuliers au-dessus de toute atteinte, tout en l'unissant suffisamment à la monarchie, et qui ôtera à l'Allemagne tout prétexte de s'immiscer dans ses affaires. »

IX

Et maintenant quelle sera l'issue de la guerre?

Il faudrait d'abord se rendre compte du but réel qu'elle poursuit. Ceci n'est pas facile. Le parti schleswigholsteinois s'est remué à outrance : paradoxes extravagants sous couleur de philologie et d'histoire, interpolation de documents, roueries diplomatiques, théories d'aventures, dialectique pleine de ténèbres, passions turbulentes et cupides, trahisons, félonies, il a usé de tout. Aussi a-t-il réussi à mettre le feu aux poudres; mais, à quoi aboutira l'explosion?

Trois intérêts différents semblent en présence.

L'intérêt du parti unitaire allemand, *Nationalverein.*

L'intérêt de la Prusse.

L'intérêt de l'Autriche.

Le parti unitaire allemand, né d'un sentiment de révolte des petits États germaniques contre l'orgueilleuse suprématie de la Prusse et de l'Autriche, avait besoin, pour réaliser son rêve d'unité, d'un drapeau commun. Il choisit le Schleswigholsteinisme. En effet, grâce à la consistance que l'on avait donnée à ce fantôme, il était merveilleusement apte à servir de point central aux manifestations éparses d'un même patriotisme artificiellement surexcité. Mais, pour que son action fût vraiment décisive il fallait un éclat. C'est pourquoi, dans l'esprit du parti unitaire allemand, la guerre de l'Allemagne contre le Danemark était fatale. Du reste, il n'en faisait pas mystère. M. Benningsen, un des chefs les plus énergiques de ce parti, disait, en 1861, à un homme d'État danois son ancien condisciple à l'université de Goëttingue : « Vous agirez comme vous l'entendrez avec le Slesvig ; vous vous déciderez ou non à des concessions ; peu nous importe. Il nous faut une guerre avec le Danemark, et nous l'aurons. Quand? je ne saurais le préciser encore ; mais, votre conduite quelle qu'elle soit ne l'avancera ni ne la reculera d'une heure. »

Ainsi, c'était un parti pris : on voulait forger l'unité allemande sur le dos du Danemark. Moyen étrange, assurément, mais enfin le *Nationalverein* l'avait jugé bon. Il est vrai que depuis il a passé par bien des déboires. Cette guerre qu'il comptait exploiter à son profit exclusif lui échappe en partie ; le prince d'Augustenbourg, lui-même dans lequel il avait personnifié son idée, n'est déjà plus qu'un mannequin usé ; les deux grandes puissances allemandes qu'il prétendait jouer l'ont joué à leur tour ; en sorte que l'on ne saurait dire quel genre d'épaves il retirera encore de son malencontreux naufrage.

La Prusse a des visées plus positives, la Prusse va droit à la conquête. Comme elle aspire à devenir puissance maritime et que pour avoir une flotte, il faut un port,

elle veut le port de Kiel. M. Harkort l'a déclaré un jour en plein comité de marine : « Kiel est notre vrai port, il faut que Kiel soit à la Prusse ! » Cela suppose la conquête du Holstein. Or, du Holstein au Slesvig, et du Slesvig au Jutland il n'y a que deux rivières. Pourquoi ne pas les franchir ? Certains publicistes allemands expliquent ce mode de procéder parce qu'ils appellent le droit à la mer. Mais, le droit, si droit il y a, exclut-il le devoir, et le premier de tous les devoirs n'est-il pas de respecter la propriété d'autrui ? Pauvre Danemark ! c'est à ses dépens que l'Allemagne veut constituer son unité, c'est à ses dépens aussi qu'elle veut construire sa flotte.

L'Autriche recherche, dans cette affaire, un intérêt moins direct. D'abord, on dirait qu'elle ne s'est accolée à la Prusse que pour mieux la surveiller et tempérer un peu son ambition. Puis, l'Autriche se sent chez elle fort mal à l'aise. La Gallicie, la Hongrie, la Croatie, la Vénétie, c'est-à-dire plus de la moitié de son empire ne la subit qu'avec impatience. D'un jour à l'autre, une insurrection formidable peut lui tomber sur les bras. Or, en secondant la Prusse, en secondant l'Allemagne, tout en les empêchant d'aller trop loin, dans leurs projets sur le Danemark, n'a-t-elle pas la chance de capter leur gratitude, et par suite peut-être, à un moment donné, de s'assurer leur concours ? Une perspective si avantageuse suffisait évidemment pour la pousser à s'associer à une guerre où, d'ailleurs, en tant qu'Autriche, elle n'a rien à gagner.

Telle est, si je ne me trompe, la triple partie qui se joue actuellement en deçà comme au delà de l'Eider. Le drapeau déployé de la nationalité n'est qu'un drapeau menteur, qu'une poudre perfide jetée aux yeux de l'Europe. J'ajouterai qu'à l'ombre de ce drapeau, la guerre engagée n'en paraît que plus odieuse. Car, enfin, n'est-ce pas une ironie amère de voir la Prusse et l'Autriche, sous prétexte de venger la nationalité de 160 000 Allemands soi-disant opprimée, lancer contre le Danemark des Polonais, des Italiens, des Hongrois, des Croates, c'est-à-dire les propres fils de ces nationalités que, depuis tant d'années, elles oppriment elles-mêmes sans merci?

Plus que toute autre puissance, l'Angleterre s'est émue de ces événements. Elle a accumulé notes sur notes, dépêches sur dépêches, exerçant sa pression tantôt sur l'Allemagne, tantôt sur le Danemark. Cette intervention n'a pas été heureuse, et en plus d'un cas, le cabinet britannique, ce cabinet jadis si fier, y a laissé, sans avoir l'air de trop en souffrir, des lambeaux de sa dignité. Quoi qu'il en soit, l'Angleterre devait bien cette marque d'intérêt au Danemark, ne fût-ce qu'à titre de réparation.

Qu'on se rappelle la conduite de lord Russell dans les derniers mois de 1862. Le noble personnage alors en visite auprès d'une petite cour allemande, en sortit au bout de quelques semaines tout à fait *germanisé*. Le Danemark ne tarda pas à en éprouver les effets. Dès son retour à Londres, lord Russell adressa au cabinet de Copenhague une dépêche très-sèche, très-impérieuse, dans laquelle il lui disait, en termes suffisamment explicites, que, selon lui, le seul moyen pour le Danemark de terminer son différend avec l'Allemagne était d'accorder à l'Allemagne tout ce qu'elle réclamait. Cette dépêche datée du 24 septembre fut suivie de deux autres (20 novembre et 21 janvier) qui, plus conciliantes de forme, n'en étaient pas moins, quant au fond, absolument identiques [1].

1. *Archives diplomatiques*, 3ᵉ année, p. 106, 222, 236. Les réponses danoises se trouvent à la suite des dépêches anglaises.

Le cabinet de Copenhague les repoussa avec énergie. Mais quelle ne fut pas l'irritation du peuple danois! Il se demandait si c'était là le cadeau de noces que le prince de Galles avait à offrir à la jeune princesse de Danemark, au moment où il venait d'obtenir sa main. Hélas! ce fier mariage devait lui amener plus tard de bien autres déceptions!

Si les Danois s'irritèrent des dépêches de lord Russell, les Allemands, au contraire, y applaudirent à outrance. C'était à leurs yeux plus qu'un bill d'indemnité, c'était la consécration solennelle du Schleswigholsteinisme. Aussi les journaux de Berlin et d'ailleurs les célébrèrent-ils avec ivresse. A les entendre, le Danemark, condamné par l'Angleterre, était désormais au ban de l'Europe et n'avait plus qu'à céder.

Les journaux anglais parlèrent sur un autre ton. Indignés des procédés de lord Russell, ils les flétrirent avec colère. Le *Times*, entre autres, traita le vieux ministre en termes presque insultants. Accord unanime où semblait vibrer un écho du sentiment national anglais, et bien propre, à coup sûr, à refroidir la folle ardeur du fanatisme allemand. Mais les journaux qui le servent sont féconds en ressources. Ils apprirent qu'un des rédacteurs du *Times*, M. Dasent, très-versé dans l'archéologie du Nord, avait reçu en cadeau, d'un particulier danois, un modèle en argent d'une corne à boire, en usage chez les anciens Scandinaves. « Voilà, s'é-crièrent-ils, la raison secrète des sympathies de la presse anglaise pour le Danemark; tous ses articles ne sont qu'une écume sortie de la corne à boire de M. Dasent. » Qu'objecter à un argument de cette force!

Enfin, l'Angleterre vient d'obtenir ce qu'elle regarde comme un grand succès. La conférence appelée par elle de tous les coins de l'Europe et si longtemps rebelle à sa voix, se réunit à Londres.

Que fera cette conférence ? Grand nombre de politiques prétendent qu'elle ne fera rien. Je ne partage pas cet avis ; je crois, au contraire qu'elle fera beaucoup. Elle établira, à moins d'une dislocation immédiate, à la face de l'Europe, l'inéluctable nécessité du Congrès proposé le 5 novembre par l'empereur Napoléon III. Oui, elle sera la porte ouverte par laquelle les puissances opposantes rentreront dans cette idée qui, sans qu'elles l'eussent déclaré formellement, n'était à leurs yeux, il y a quelques mois, qu'une splendide, mais fantastique utopie.

D'abord, les circonstances mêmes qui président à la convocation de la conférence n'impliquent-elles pas déjà un commencement de réaction en faveur du Congrès ? Qu'alléguait-on contre lui ? qu'il courait aux aventures, qu'il manquait de base ; et l'on demandait des explications. Or, voilà qu'aujourd'hui on propose et on accepte une conférence sans base, bien plus, une conférence en pleine guerre, une conférence où, tandis qu'on débattra le sort des parties à coups de notes et de protocoles, elles le débattront elles-mêmes à coups de baïonnettes et de canon. La diplomatie du dix-neuvième siècle se serait-elle jamais attendue à une pareille épreuve ?

Maintenant, la conférence étant réunie, sur quels principes s'appuieront les délibérations des plénipotentiaires ? Sera-ce sur le maintien des traités, ou sur les prétentions respectives des parties belligérantes, ou sur le suffrage populaire ?

Si l'on part du maintien des traités, on débutera naturellement par poser sur le tapis, le traité de Londres de 1852, c'est-à-dire le traité qui, dans le but de sauvegarder l'intégrité de la monarchie danoise, a fixé son ordre de succession au trône. C'est là, en effet, la situation étant ramenée à un caractère exclusivement diplomatique, l'instrument qui la domine[1]. Eh ! bien, admettons que, par un de ces miracles peu familiers au tapis vert, tous les plénipotentiaires, y compris celui de la Diète germanique, tombent soudainement d'accord ; que le roi Christian IX soit remis purement et simplement en possession de ses États, avec la certitude désormais acquise qu'il n'y sera plus inquiété, qu'arrivera-t-il ? Il arrivera ceci : que du moment où il sera constaté qu'il existe en Europe un tribunal assez fort pour faire respecter les traités, tous les gouvernements, tous les peuples qui souffrent à tort ou à raison de la violation ou de la non exécution de ceux qui leur sont propres, réclameront impérieusement son arbitrage. Que fera le tribunal ? Repoussera-t-il les réclamants ? Dans ce cas, l'arrêt isolé qu'il aura rendu, convaincu de partialité et d'injustice, se tournerait contre lui-même ; il n'aurait réussi qu'à déposer au cœur de l'Europe un nouveau ferment de discorde et à légitimer d'avance toutes les insurrections qui pourraient éclater. Si, au contraire, il se décide à remplir sa mission jusqu'au bout, par conséquent à épuiser toutes les causes, et je ne vois pas trop comment il lui serait possible d'éluder ce devoir, alors, le tribunal en question n'est plus une conférence, c'est un Congrès.

1. Ce traité est certainement un de ceux qui présentent le caractère le plus solennellement obligatoire. Il a été signé par la France, la Grande-Bretagne, la Russie, l'Autriche, la Prusse, la Suède, la Norvége et le Danemark. Puis y ont adhéré : le Wurtemberg, la Saxe, l'Oldenbourg, la Hesse, le Hanovre, la Sardaigne, les Deux-Siciles, la Toscane, l'Espagne, les Pays-Bas, la Belgique, la Grèce et le Portugal. Cinq petits États seulement ont réservé leur adhésion : la Bavière, la Saxe-Weimar, le Mecklenbourg, la Hesse-Darmstadt et Bade. Eh bien, cette infime minorité triomphe aujourd'hui de la majorité, et le traité est violé.

Mais le traité de Londres est mis de côté ; il est allé rejoindre les traités de Vienne et tous les autres qui, avec eux ont été brisés, lacérés, foulés aux pieds. Les parties sont en présence et font valoir leurs prétentions. Le Danemark, c'est son droit, stipule le rétablissement du *statu quo ante bellum*, et une nouvelle consécration de son intégrité. Stipulation illusoire ! Ce serait revenir aux traités. La Prusse étend la main sur Kiel ; la Diète germanique convoite le Slesvig qu'elle veut, une fois pour toutes, sceller au Holstein ; l'Autriche.... qu'importe !

Que décidera la conférence, et comment motivera-t-elle sa décision ? Car enfin, soit qu'elle vote le démembrement du Danemark, soit qu'elle favorise les compétiteurs allemands de la concession même la plus légère, il faudra qu'elle dise pourquoi. Or, deux motifs seulement pourront être invoqués par elle, les mêmes motifs qui ont servi de prétexte à la guerre. Oui, quoi que décide la conférence, elle déclarera fatalement : Qu'elle châtie le Danemark pour avoir violé ses engagements de 1851–1852, ou qu'elle rend hommage à la nationalité allemande. Comprend-on la portée d'une telle déclaration ? Si pour n'avoir pas tenu sa parole le Danemark est condamné à une expiation quelconque, que n'auront donc pas à redouter, par exemple, la Russie, l'Autriche et la Prusse ? N'ont-elles pas, elles aussi, pris des engagements en faveur des peuples annexés à leur empire, des engagements qui les ont liées, non pas seulement vis-à-vis de l'Allemagne, mais vis-à-vis de l'Europe tout entière ? Comment les ont-elles remplis ? Interrogez les Polonais, les Hongrois, les Italiens, etc. Ils ne manqueront pas, du reste, de plaider eux-mêmes leur cause. A plus forte raison, si, en prétendant venger la nationalité allemande, la conférence posait le principe des nationalités. Donc, encore ici, la conférence est débordée. Ou elle n'aboutira qu'à une œuvre hybride, avortée d'avance, ou elle cédera forcément sa place au Congrès.

Je n'ai pas besoin d'insister sur les conséquences identiques qui résulteraient de l'application aux deux duchés du suffrage populaire. Ces conséquences éclatent d'elles-mêmes. En effet, si, à l'occasion de cent soixante mille Allemands réputés mécontents de leur gouvernement légitime, on invite deux pays à disposer de leurs destinées, on ne pourra évidemment refuser le même droit à tant d'autres nationalités mille fois plus nombreuses et assurément non moins infortunées. Ce n'est pas seulement dans l'intérêt des Allemands du Slesvig qu'il doit être interdit de s'opposer « aux légitimes aspirations des peuples. »

Ainsi donc, la conférence ne peut, de quelque manière que ce soit, toucher au conflit dano-allemand, sans qu'aussitôt, de ses propres flancs, et par la force des choses, ne surgisse le Congrès. Cette vérité sera-t-elle comprise? L'Europe est tourmentée d'un mal qui la ronge jusqu'au fond de ses entrailles; tous les droits sont confondus; la force brutale l'emporte; l'anarchie morale est au comble; c'est un édifice qui s'écroule. Est-ce le cas des vains palliatifs, des solutions tronquées? Non. Il faut un remède radical, universel; et puisque les angoisses du siècle viennent presque partout d'un antagonisme flagrant entre les souverains et les peuples, il faut, suivant la belle parole de l'Empereur: « établir un ordre de choses fondé désormais sur l'intérêt bien compris des souverains et des peuples. » Or, une pareille tâche défie les forces d'une conférence; elle réclame un Congrès.

Paris, 15 avril 1864.

Paris. — Imprimerie de Ch. Lahure, rue de Fleurus, 9.